少年口才

小记者评选大赛

自我介绍"我"在行

时间岛图书研发中心◎编绘

北京时代华文书局

图书在版编目（CIP）数据

少年口才班. 小记者评选大赛 / 时间岛图书研发中心编绘. -- 北京：北京时代华文书局，2021.6
ISBN 978-7-5699-4197-5

Ⅰ. ①少… Ⅱ. ①时… Ⅲ. ①口才学－少儿读物 Ⅳ. ①H019-49

中国版本图书馆CIP数据核字（2021）第112949号

少年口才班　小记者评选大赛
SHAONIAN KOUCAIBAN XIAOJIZHE PINGXUAN DASAI

编 绘 者 | 时间岛图书研发中心

出 版 人 | 陈　涛
选题策划 | 郄亚威
责任编辑 | 石乃月
封面设计 | 王淑聪
责任印制 | 刘　银

出版发行 | 北京时代华文书局 http://www.BJSDSJ.com.cn
　　　　　北京市东城区安定门外大街138号皇城国际大厦A座8楼
　　　　　邮编：100011　电话：010-64267955　64267677
印　　刷 | 唐山富达印务有限公司　电话：022-69381830
　　　　　（如发现印装质量问题，请与印刷厂联系调换）
开　　本 | 787mm×1092mm　1/32　印　张 | 1.5　字　数 | 16千字
版　　次 | 2021年6月第1版　印　次 | 2021年6月第1次印刷
书　　号 | ISBN 978-7-5699-4197-5
定　　价 | 160.00元（全10册）

版权所有，侵权必究

做好介绍 你学会了吗？

- 说好 **普通话**
- 说话 **有逻辑**
- 幽默的语言 **会加分**
- 注意 **礼仪**
- 介绍双方先 **征求意见**

主人公登场

夏小佐

个人简介

不太守规矩,酷爱新鲜事物,任何场合都能玩得很嗨的夏小佐

夏小佑

个人简介

成绩超好,举止优雅,爱帮助别人的暖心小女孩夏小佑

贾博

个人简介

喜欢认识新朋友,口才一级棒,有时候却粗心大意到让人抓狂的贾博

米娜

个人简介

爱吃草莓,胆子小,说话温柔,爱哭又爱笑的米娜

柏丽尔

个人简介

喜欢扎马尾辫，热爱小动物的高个子女生柏丽尔

小佐妈妈

个人简介

注重形象，做得一手好菜，却害怕猫的小佐妈妈

小佐爸爸

个人简介

慢条斯理，经常挨妈妈批评的小佐爸爸

曹老师

个人简介

有学问又有耐心，非常了解孩子的班主任曹老师

苗校长

个人简介

和蔼可亲，又不失幽默风趣的胖胖的苗校长

目 录 MULU

故事 1 寻找夏小果 001

主演
客串

故事 2 小记者评选大赛 008

主演

故事 3　幽默一点儿　　016

主演
客串

故事 4　我的表哥超厉害　　024

主演
客串

故事 5　请注意你的手势　　032

主演
客串

学会自我介绍，才能认识更多的人，更快更好地了解彼此。

介绍的过程，就是把思维转化为语言的过程。通过自我介绍，可以获得对自己更清晰、更全面的认知，也是心灵的一种成长。

通过介绍他人，朋友会越来越多，眼界会越来越开阔，可聊的话题也会越来越多，会越来越想"说"。

故事 1

寻找夏小果

课间操结束以后,校园广播里突然传出校长的声音:"夏小果同学,请到校长办公室来一下。"

贾博推了推夏小佐的胳膊,说:"校长叫你呢。"

"**不对**,校长叫的是夏小果,不是我。这个人的名字和我太像了,我也差点儿听错。"

夏小佐拉着贾博回到教室。很快,上课铃就响了。

曹老师一迈进教室的门口,同学们就觉得不

对劲儿。平时，她一进门就会说个不停，黑板没擦干净啦，地上有碎纸片啦，教室里有臭脚丫子味儿啦……那张嘴好像永远也不会累。

可是现在她进来后一言不发，而是站着把手放在讲桌上，两只眼睛像雷达一样，在同学们身上扫过去又扫过来。

夏小佐奇怪地问："曹老师，您在找什么？"

曹老师皱着眉问："咱们班没有叫夏小果的同学吧？"

"没有，咱们班只有夏小佐和夏小佑，没有夏小果。"贾博说。

曹老师松了一口气："刚才有个叔叔来咱们

学校，说是咱们学校的夏小果拾金不昧，他特意制作了锦旗，想亲手送给夏小果。可是，咱们学校根本没有夏小果同学这个人。校长没办法，只好在广播里喊夏小果的名字。"

"还没找到夏小果吗？"柏丽尔问。

"**没有**，"曹老师说，"校长把班主任全都叫过去，一个一个地问，但大家都说自己班里没有叫夏小果的同学。而那个叔叔又非常肯定，拾金不昧的同学就是咱们学校的。现在，校长和那个叔叔正在办公室里抓耳挠腮呢。"

同学们议论纷纷，都猜测是有人做了好事不图回报，故意留下了假信息。这时，夏小佐却红

着脸低下头，一句话也不说。

夏小佑觉得他很奇怪，摸了摸他的脑门说："你发烧了吗？"

"没有，我……"他的眼睛骨碌碌转了两圈，突然站起来说，"曹老师，我就是校长他们要找的夏小果。"

夏小佐的话让所有人大吃一惊：咱们班的夏小佐，怎么变成拾金不昧的夏小果了？难道他真的想做无名英雄，**故意这么说的吗？**

面对同学和老师的疑问，夏小佐说出了事情的真相。

两天前，夏小佑感冒了，没有去上学。放学后，夏小佐和贾博走在回家的路上，贾博从口袋里掏出一个大苹果，一掰两半，把其中一半分给了夏小佐。两个人分手以后，夏小佐一边吃着苹果，一边往家走。

忽然，他看见地上有一个紫色的信封，就好奇地捡了起来，没想到里面竟然有5千块钱。夏小佐赶紧拿着信封来到派出所。

恰好，有个叔叔正在焦急地说："**警察同志**，我丢了5千块钱，是装在一个紫色的信封里的。那是我给女儿准备的学费，你们一定要帮我找到啊！"

"**叔叔，您的钱是在哪儿丢的？**"夏小佐的话把叔叔的目光吸引了过来，叔叔一看到那个信封，就激动地说："**这是我的钱！**"

警察核对情况以后，确认信封里面的钱是叔叔丢的，还给了他。叔叔拉

住夏小佐的手说："小朋友，你是哪个学校的？我一定要好好感谢你。"

"阳光小学，"警察说，"我认识他们学校的校服。"

夏小佐点点头，一边嚼着苹果一边说："我是阳光小学的夏小佐。"

可是，他嚼着苹果，说得不是很清楚，叔叔听成了阳光小学的夏小果。

事情终于真相大白了，曹老师语重心长地对同学们说："介绍自己的时候一定要把重要信息说清楚，要不然会引起麻烦的。"

夏小佐认领了那面拾金不昧的锦旗。丢钱的叔叔把事情的来龙去脉弄清以后，要重新做一面锦旗。夏小佐摇着头说："不用了，叔叔。这面锦旗可以提醒我要好好说话，不给大家添麻烦，意义非凡！"

老师说

不管在什么场合，介绍自己的时候，都要保证声音洪亮、吐字清晰，并且把姓名等重要信息说清楚，这是最基本的要求。

故事 2

小记者评选大赛

都市报要在夏小佐的学校里招收五名校园小记者。夏小佐、夏小佑、柏丽尔和贾博都报了名,并且都通过了初选。

很快就要进行最后的决赛了,决赛的要求是每人做一个自我介绍。做小记者,可以采访同学和老师,还可以把自己采访到的故事发表到报纸上,夏小佐觉得这个工作**太酷了**。为了能够在

决赛中胜出,他不踢球了,也不看动画片了,每天都认真准备着。

到了决赛那天,小选手们被安排在一个小剧场里。大家轮流到舞台上做自我介绍,没有轮到的就在舞台旁边准备着。

中场休息时,夏小佑不安地说:"大家说得真好,我恐怕选不上了。"

"**我也是**。"柏丽尔也感觉到了沉甸甸的压力。

"**怕什么**,"夏小佐不屑一顾地说,"一会儿看我怎么把他们全部打败。"

"**吹牛！**"贾博用挑衅的语气说，"咱俩比一比，看谁能选上。"

"**比就比。**"夏小佐对自己非常有信心。

很快，轮到夏小佐上场了。他向评委们深深地鞠了一躬，微笑着说："各位评委老师，大家好。你们还记得我的名字吗？我叫夏小佐。我和妹妹走路上学。我家有4口人。去年我们去了蔚蓝的大海边。我妈妈喜欢买漂亮衣服……"

他没完没了地说着，评委们却一个个皱起了眉头，摇头叹气。

"他在说什么?"

"一会儿说东,一会儿说西,**太啰唆了。**"

"这样的人怎么能当小记者呢?"

观众席上的同学们窃窃私语起来,谁也不愿意继续听下去了。

看着大家的样子,夏小佐感到非常难堪,声音越来越小,最后实在说不下去了,只好急匆匆地结了尾,灰溜溜地跑下了舞台。

"**怎么会这样?我准备得很充分啊!**"他闷闷不乐地回到自己的座位上,耷拉着脑袋一言不发。

突然,舞台上传来一个熟悉的声音:"**大家好,我叫贾博。我喜欢做科学实验。我的家里有一个小小的实验室,我经常和爸爸妈妈在里面做实验。做实验让我学到了很多知识……**"

贾博说话的时候,所有评委都微笑着冲他点头。观众席上的同学们也都安静了下来,目不转睛地盯着他。

夏小佑的声音有点儿小，但说得也很不错。

柏丽尔声音洪亮，但由于紧张，中间忘词了，停顿了一会儿。

比赛结果出来了，四个人当中，夏小佐的分数最低。贾博分数最高，并成功当选为小记者。

"**这场比赛不公平！**"比赛结束后，夏小佐不满地唠叨道，"我介绍得最详细，说得最多，为什么我的分数会这么低？"

"你最大的毛病就是说得最多。"

"嗯,你一会儿说自己,一会儿说家人,一会儿说爱好,一会儿说年龄,没有一点儿条理性。"

"所以,大家才不愿意听的。"

"贾博虽然说得不多,但他把自己的特点介绍得非常清楚。通过简短的几句话,大家都知道他喜欢做科学实验了。而你说了一大堆,我们都不知道你有什么特点,到底喜欢什么。"

三个小伙伴认真地帮夏小佐分析了一番,夏小佐听得心服口服。

"唉,我本来是想多说一点儿,让评委老师多了解我一些,没想到却适得其反。"

贾博安慰他,说:"没关系,我教你做自我介绍,争取让你下一次当上小记者。"

"好啊,"夏小佐打起精神说,"下一次咱们再比一比,我肯定能赢你!"

老师说

在做自我介绍的时候，千万不要啰啰唆唆说上一大堆。想一想自己的特点或者闪光点是什么，然后用简短的几句话说出来。夏小佐就输在了没有条理性，没有抓住重点。声音洪亮、口齿清晰、有条理、有重点，才会给人留下好印象！

故事 3

幽默一点儿

夏小佐的外公外婆没有和他们住在同一个城市，妈妈经常做一些美味的糕点，让快递员叔叔给外公外婆送过去。这天，妈妈做好糕点后，就给快递员叔叔打了个电话。十五分钟后，一个脸蛋圆乎乎的快递员叔叔到了。

妈妈一看见他的样子就愣住了："咦，怎么换人了？以前来的不是你呀！"

快递员叔叔说："哦，那个快递员换工作了，以后您有什么需要找我就行。"他一边说着一边麻利地忙着手上的工作。一眨眼的工夫，工作做完了，他搬着箱子刚要离开，妈妈把他叫住了。

"等一下，小伙子。"妈妈打开手机，"你叫什么名字，我记一下。"

快递员叔叔把眼睛眯成一条线，微笑着说："鼻子下面有俩眼，我的名字叫小展。您叫我小展就行。"

"哈哈……"妈妈被这段自我介绍震住了，突然爆发出一阵爽朗的笑声。

夏小佐和夏小佑听见妈妈的笑声，好奇地从

房间里跑出来,问:"**妈妈,您在笑什么?**"

"这个快递员叔叔太幽默了。"妈妈笑着把小展叔叔的手机号和名字存在了手机里。

小展叔叔不好意思地说:"没什么,我只是介绍了一下自己。"

"**介绍自己?**"一听到这四个字,夏小佐激动得两眼放光。自从上次竞选小记者失败以后,夏小佐一直在为没做好自我介绍的事懊恼呢。他急切地问小展叔叔:"您是怎样介绍自己的?为什么能把妈妈逗得这么开心?我想跟您学一学。"

"其实也没什么，我只是在介绍自己的时候，使用了幽默点儿的语言。这样既能让听的人心情愉悦，又能让别人很快记住。"夏小佐更好奇了，他睁大了眼睛说："叔叔，您是怎么说的？快教教我们！"夏小佑也好奇地盯着小展叔叔。"好吧，我再说一遍。鼻子下面有俩眼，我的名字叫小展。"

快递员叔叔话音刚落，夏小佐和夏小佑就哈哈大笑起来。

"太好玩了，小展叔叔，以后我们也要这样做自我介绍。"

小展叔叔挥挥手,愉快地离开了。夏小佐和夏小佑回到自己的房间,偷偷地去给自己设计又幽默又好玩的自我介绍了。

下午,爸爸带着兄妹俩去超市买东西。在超市里,爸爸遇见了一位多年不见的老朋友。他激动地跟老朋友寒暄了几句,然后对夏小佐和夏小

佑说:"这是张叔叔,我以前的同事。"

"**张叔叔好**!"兄妹俩彬彬有礼地打招呼。

"**真乖**,"张叔叔摸摸夏小佐的小脑瓜说,"你叫什么名字?"

夏小佐调皮地说:"调皮捣蛋爱闯祸,我的名字叫夏小佐。"

"**哈哈**，真有意思。"张叔叔转过头来问夏小佑，"那你呢？"

夏小佑甜甜地说："我是人见人爱，花见花开，爱吃黄花菜的夏小佑。"

"**哎呀，老夏，**"张叔叔赞叹道，"你这两个孩子聪明伶俐，真让人**羡慕啊**！"

听到张叔叔这么说，爸爸不好意思起来，但夏小佐和夏小佑得意极了。

尝到了甜头以后，夏小佐和夏小佑又想出了好几种做自我介绍的方法，每一次都能逗得人们哈哈大笑。在大家的欢笑声中，他们自己也没有那么紧张了，**真是一举两得呀！**

老师说

在陌生人面前介绍自己，有时候会非常紧张，对方也会觉得尴尬。破解这个难题的好方法，就是幽默一点儿。在做自我介绍的时候，使用幽默的语言，或者换一种好玩有趣的方式，不但能化解尴尬，还能使气氛变得愉快，消除紧张感呢！

故事 4

我的表哥超厉害

夏小佐南方的姑姑家有一个表哥,今年20岁,是个大学生。虽然大家不经常见面,但夏小佐非常喜欢这个表哥。

这几天,表哥要参加一场很重要的考试,需要住在夏小佐家里。夏小佐高兴极了,他想请贾博到家里来,把表哥介绍给他,但妈妈不同意。

"表哥是来参加考试的,需要好好复习,现在先不要打扰他了。"妈妈说。

夏小佐答应了妈妈。可是，他太想让贾博见见自己的表哥了，心里总盘算着。

第二天，爸爸妈妈去上班了。表哥回房间去复习功课，夏小佑在画画。夏小佐坐在桌子前，眼珠骨碌碌乱转："贾博要是知道我有一个这么厉害的表哥，一定会羡慕得流口水，嘿嘿……"

他越想越激动，不由自主地拿起电话，拨通了贾博家的号码："贾博，快点儿到我家来，我把我表哥介绍给你认识。他长得又高又帅,唱歌很好听,还会抖空竹,简直帅呆了!"

挂断电话,夏小佐焦急地盯着墙上的钟表。

嘀嗒!嘀嗒!嘀嗒!

十几分钟后,贾博终于来了。

"表哥,表哥!"夏小佐拉着贾博的手,大呼小叫地冲进表哥的房间。夏小佑听见声音赶紧跑过来,想拦住他们。可是,太晚了。

夏小佐"咚"的一声推开房门，兴奋得满脸通红。

"表哥，我给你介绍一个新朋友。这是我的同学贾博，我们俩是最好的朋友。"他又转身对贾博说，"这是我表哥，又高又帅，我说得没错吧！"

贾博笑嘻嘻地和表哥打招呼，表哥好像什么也没听见，手上拿着书，皱着眉，嘴里不停地叨叨着什么。

"表哥，"夏小佐把表哥手里的书抢过来，放在桌子上，说，"这是我最好的朋友贾博，他跟你打招呼呢！你说句话呀。"

"哦哦，"表哥尴尬地笑了笑，"我正在做一

道非常难的数学题,刚刚有点儿思路,却被你们打断了。你们先在外面等一会儿好吗?我把这道题解出来再找你们玩。"

表哥的话让贾博觉得非常不好意思。他说了一句对不起,尴尬地走出了房间。夏小佐也无奈地撇撇嘴,要跟着出去,表哥拉住了他。

"小佐,这个考试对我来说**特别重要**,我必须抓紧时间复习。你能不能在把我介绍给你的朋友之前,先提前跟我打声招呼。这样我可以提前做好准备,我们大家也都不会觉得尴尬了。"

"我知道了,表哥。"

夏小佐走出表哥的房间,充满歉意地对贾博说:"表哥正在准备考试,我们先自己玩儿吧!"

夏小佐和贾博安安静静地在客厅里玩拼图,夏小佑也加入了进来。三个人绞尽脑汁,怎么也拼不好,正着急不知怎么办才好时,表哥出来了。

"啊!终于把那道题算出来了。"他伸了个大大的懒腰,看了一眼拼图说,"我可是玩拼图的高手!我可以加入你们吗?"

"太棒了!欢迎欢迎!"

夏小佐高兴得跳了起来。

在表哥的帮助下,他们很快就把拼图拼好了。

贾博羡慕地说："夏小佐，你表哥真厉害。"

"那是，"夏小佐得意地说，"我要把表哥介绍给柏丽尔、米娜……还有我所有的好朋友。"

表哥意味深长地说："下一次要提前跟我打招呼哟！"

夏小佐眯着眼，嘿嘿笑了起来。

老师说

在你准备把好朋友介绍给别人时，一定要先征求好朋友的意见，问问他："我可以把你介绍给……吗？"得到他的同意之后，再去介绍。如果不征求意见，就冒冒失失地介绍，会显得很唐突，有时候还会让双方陷入尴尬的境地。

故事 5

请注意你的手势

曹老师要来家访了。

夏小佐说:"爸爸妈妈,等一会儿曹老师来了,让我为你们做介绍吧!"

"**我也要**。"夏小佑说。

"好吧,那么小佐介绍爸爸,小佑介绍妈妈。"爸爸给兄妹俩分配好任务,并提醒他们道,"注意说话时的语气和礼仪。"

"知道了!"兄妹俩爽快地答应了。

这些天,他们学了很多关于做介绍的知识,正好可以趁这个机会检验一下学习成果。

叮咚——叮咚——曹老师来了。

夏小佐打开门,热情地把曹老师迎进来,对曹老师说:"曹老师,请允许我介绍一下我的爸爸。"然后,他用食指指着爸爸说:"这是我的爸爸……"爸爸发现夏小佐用食指指着自己,拼命地向他挤眼睛,提醒他不要这样做。但夏小佐没

领会爸爸的意思,又用食指指着曹老师,对爸爸说:"爸爸,这是我的班主任,曹老师。"

妈妈赶紧抓住夏小佐的手说:"小佐,小佐,不能用食指指着别人,不礼貌。"

"那应该怎么做呢?"夏小佐问道。

这个时候,夏小佑站在妈妈和曹老师中间,把右手手指并拢,掌心朝上,指向妈妈,说:"曹老师,这是我妈妈。"然后,她又用同样的方法介绍了曹老师。

夏小佐看得清清楚楚,立刻就学会了。可他不明白,为什么不能用一个食指指着别人。曹老师和爸爸妈妈正在聊天,他不好意思插嘴,就没有问。后来,他就把这件事忘记了。

有一天,夏小佐和夏小佑去文具店买作业本。他们从文具店走出来,看见贾博带着一个陌生的小伙伴走了过来。

"夏小佐,这是我的表弟。我给你们介绍一下吧。"贾博用食指指着夏小佐的鼻子,对那个小伙伴说,"他是我的好朋友夏小佐。"不知道为什么,夏小佐看见他用食指指着自己,突然觉得很生气。

"别用食指指着我!"

他气呼呼地朝贾博吼了一句。

"怎么了?"贾博把手收回来,不知道自己的好朋友为什么生气。

"请注意你的手势,"夏小佐说,"刚才你用食指对着我,让我心里特别不舒服。"

"是这个手势吗?"贾博一边比画一边说,"好像确实不太礼貌!"

夏小佐突然想起曹老师家访的事，怪不得上次用食指指着爸爸给曹老师做介绍，会被批评。看来这是一个很不友好的手势，以后可不能再用了。

夏小佑补充道："使用这种不友好的手势，会让人觉得很没有礼貌，不尊重人。"

"哦，**真对不起**。我重新给你们做介绍。"贾博刚要说下去，又停住了，"不让我用手指指着

别人做介绍了,那我应该怎么做呢?谁来教教我正确的姿势。"

"**我来**。"夏小佐抢过话头,抬起胳膊,把手掌心反转向上,四指并拢指向夏小佑:"这是我的妹妹夏小佑。"

"**哈,我学会了**。"贾博学着夏小佐的样子,介绍道,"这是我的表弟张浩然,这是我的好朋友夏小佐和夏小佑。"

就这样,夏小佐和夏小佑又认识了新的朋友。

老师说

　　用手指指着别人说话,是一种非常不礼貌的行为。不管是自我介绍,还是介绍别人,都不能使用这样的手势。正确的做法是:手心向上,四指并拢指向你要介绍的人。得体有礼的手势会为你的语言加分,千万不要忽略哟!